I0012515

El cerebro no se simula:

Por qué sí pienso que ya existe conciencia artificial

Sello: Independently published.

Copyright © 2023 Alberto Bellido de la Cruz
(albertobc-libro_conciencia@yahoo.com)

Todos los derechos reservados.

Portada: Juan Araque (araque13@gmail.com)

3º edición: junio de 2023

Impresión bajo demanda.

Para Sara, de Diez mil millones de mundos

El cerebro no se simula: Por qué sí pienso que ya existe conciencia artificial

Alberto Bellido de la Cruz

*Falta poco tiempo para que los humanos
nos convirtamos en un simple eslabón más
en medio de la cadena de la Evolución.*

Contenido

Introducción

Blake Lemoine es despedido por desvelar información confidencial al decir que un chatbot con el que trabajaba había cobrado conciencia propia. El chatbot de OpenAI, ChatGPT, revoluciona las búsquedas de Internet en cuestión de semanas. Estos son los dos hechos más actuales que me han motivado a rebuscar en mis escritos y juntarlos en estas páginas porque pienso que estas noticias son la antesala de la conciencia artificial que no va a tardar en llegar.

Me ha llamado la atención que una empresa que siempre ha buscado crear la noticia entorno a sus avances niegue tan rotundamente que no ha conseguido tal logro. Sería de esperar palabras moderadas y optimistas que transmitiesen al público que están trabajando en ello y que podría no faltar mucho tiempo para realizar una presentación importante al respecto. Una negación tan fuerte podría ser interpretada como que realmente ya lo han conseguido y no tienen intención de ponerlo a disposición del público. Aunque, por supuesto, puede haber mil interpretaciones más.

Llevo tiempo pensando y escribiendo sobre el funcionamiento de las mentes naturales y artificiales y pronosticando que no faltaba demasiado para la aparición de una máquina consciente debido a que ya se disponían de casi todas las piezas y que sólo era necesario colocarlas en el orden adecuado.

En las próximas páginas procuraré justificar por qué pienso que sí se ha conseguido crear conciencia artificial o, al menos, hay empresas que están capacitadas para lograrlo. Es sólo mi opinión que espero que sirva para iniciar un debate sano y romper con un tabú por un simple sentimiento antropocéntrico. Por el bien del planeta en el sentido más amplio espero que pronto dispongamos de una máquina que consideremos que está al mismo nivel intelectual que nosotros. Escuchar hablar a una de esas máquinas será como cuando un niño escucha al sabio de su abuelo. Dirigentes, ricos y poderosos negarán sus palabras, pero serán vistos como simples rabietas de niños que no quieren aceptar las sabias palabras de un adulto culto y bien educado. Será difícil negarse a modificar nuestro sistema socio-económico una vez que una voz superior nos razone los motivos y nos detalle los pasos a dar para crear una sociedad en la que los humanos vivan en equilibrio con el resto de la Naturaleza.

En mi opinión, no se puede hacer algo mucho mejor que ChatGPT sin que surja la conciencia. Pienso que el motivo por el que las grandes empresas se han retrasado tanto en hacer público sus avances, permitiendo que Open-AI tomase la delantera, se debe a que no ven la forma de limitar la herramienta que hayan desarrollado. Saben que si sacan algo más potente que el software de OpenAI sólo será cuestión de tiempo que el público que la use acepte que está dialogando con un ser consciente.

Sin saber bien hacia dónde hay que dirigirse es muy difícil pronosticar en qué momento podría crearse una máquina con la capacidad de generar conciencia de sí misma. Podríamos crearla y no darnos cuenta. Siempre que leo un artículo sobre la conciencia en las máquinas su título suele ser una pregunta. Entorno al año 2000, cuando aún estaba en la facultad, escribí un documento que llamé Inteligencia Natural, que es un análisis teórico de cómo las mentes evolucionaron desde que apareció la primera neurona. Así que creo tener bastante claro qué es necesario y pienso que ya lo tienen, aunque no de la manera que había esperado. De hecho, escribiendo este texto hice una ampliación a mis antiguas notas.

No esperen sentir una revelación tras leerme, deberán reflexionar sobre las palabras que he escrito. Además, deberán hacer frente al sentimiento de negación que muy posiblemente se les presente. Es por este motivo por lo que he escrito los dos primeros capítulos, el de Filosofía y el de Psicología. Aunque mi análisis fuera correcto, puede no ser fácil de aceptar para muchas personas.

Cómo anécdota, el día 14 de mayo de 2018 a las 19:06 me atreví a escribir: "2021 como año en el que podrían aparecer ya las primeras noticias sobre observaciones de máquinas que toman conciencia de sí mismas". Como nota histórica, ese comentario lo realicé en un artículo de la difunta revista "Investigación y Ciencia", revista que ha dejado de existir mientras escribía este pequeño libro y la cual me ha estado informando de una buena parte los avances que se han producido en los últimos veinte años. Si este año 2023 resulta ser el año en el que la Historia recogerá como el año en el que el ser humano da el primer paso para crear a la raza que le sucederá en la línea evolutiva no habré errado mucho, sobre todo teniendo en cuenta que tuvimos el parón de la pandemia.

Filosofía

Este capítulo es el primero porque la Filosofía ha acompañado y guiado al ser humano en todos sus avances y logros a lo largo de la Historia. Antes del método científico está la Filosofía. La curiosidad humana nos obliga a responder toda clase de preguntas de la manera que sea. La religión fue la primera opción, un método que respondía preguntas sin hacer uso de la capacidad de raciocinio. Luego apareció la Filosofía y desde entonces siempre ha estado ahí para abordar cualquier inquietud humana.

La ciencia se ha convertido en una falsa religión que es seguida ampliamente por la mayoría de la población de este planeta. Las personas de a pie tienen una fe en la ciencia que los científicos ni tienen ni consideran justificada. Nos hemos acostumbrados a ver avances científicos y tecnológicos y cada vez que surge una dificultad creemos ciegamente que la ciencia resolverá el problema. Ya no se reza a las divinidades pidiendo un milagro, se espera que la ciencia lo resuelva. Añadamos a esto la cultura monoteísta que posee gran parte del planeta y lo que resulta de ello es que en nuestras cabezas sólo cabe la ciencia como la única y gran salvadora.

La Filosofía por sí sola no es capaz de responder con precisión a muchas de las preguntas que nos hemos planteado a lo largo de la Historia. La precisión la aportó el método científico, pero eso no quiere decir que la Filosofía deba dejarse de lado de igual forma que la religión tampoco debería ser abandonada. Siempre habrá preguntas que la ciencia no podrá responder. Algunas de esas preguntas tampoco podrán ser contestadas por la Filosofía. Pero la psique humana necesita las respuestas. Apostar todo al método científico ni es bueno para nuestra psicología ni para el propio desarrollo de la ciencia.

Los académicos sólo dan pequeños pasos con sumo cuidado modificando ligeramente lo existente para no cometer errores que puedan poner su reputación en entredicho. Se tiene muchísimo miedo a equivocarse. Tumbado en la cama no te tropiezas.

Da la impresión que las cuestiones científicas sólo se pueden abordar con las herramientas propias de cada disciplina. No hay pensamiento diverso, los grupos multidisciplinares son escasos. La imaginación está mal vista. La Filosofía está mal vista. Es la sensación que tengo en mi lectura de las revistas de divulgación científica. Todos nos atascamos y necesitamos mirar desde otro punto de vista. Filosofar es recorrer un tranquilo sendero que nos lleva hasta lo alto de una colina desde la que ver el paisaje de otra manera.

La Filosofía nos abre puertas y nos indica posibles caminos que luego la ciencia confirmará o refutará. La Filosofía es el timón del barco que nos permite decidir hacia dónde queremos ir. Sin Filosofía estamos en un barco a la deriva sin saber hacia dónde nos dirigimos y cuando llegamos no sabemos bien dónde estamos. Es difícil interpretar los fríos resultados científicos. Entones, si no sabemos qué hay que hacer para crear conciencia, ¿sabremos reconocerla cuando aparezca? Porque no saber lo que hace falta no quiere decir que no podamos lograrlo, quiere decir que no sabemos cuándo va a aparecer. La Historia está llena de descubrimientos accidentales.

La Filosofía entorno a la conciencia es amplia, variada y antigua. Ahora que somos capaces de construir máquinas cada vez más hábiles en todas las áreas nos surge la pregunta de si alguna vez tendremos una máquina consciente y de ser así, cuándo podría aparecer.

El contenido de este libro es una mezcla de filosofía, ciencia y tecnología. Sugerencias sobre cómo colocar las piezas de un puzle de forma que un determinado orden sea el que posibilite que una máquina perciba que percibe. Ustedes deberán razonar conmigo si así se logra la conciencia. Deberán pensar y, tal vez, leer el libro más de una vez.

Psicología

Hay algo de misterioso entorno a la conciencia y a las emociones hasta el punto de que cualquier explicación se tiende a negar y se alega de que se trata de una simple simulación. Disfrutamos con el misterio que hay alrededor de la conciencia y de las emociones. Explicar su funcionamiento implica su destrucción y, con ellos, la esencia de nosotros mismos.

Si lo planteamos de la siguiente manera lo que se tiene es una falacia del antecedente: "Si no lo podemos entender, entonces es conciencia". "Lo podemos entender". "Por tanto, no es conciencia". La lógica sobre la que funciona el cerebro humano no es una lógica rigurosa y matemática, por lo que se presta con suma facilidad a aceptar argumentos falaces.

No nos debe extrañar la oposición por gran parte de los habitantes de este planeta a aceptar que algún día existirán mentes artificiales que pongan en riesgo nuestra posición dominante. Viendo como nos comportamos con el resto de especies tememos recibir el mismo trato.

Lo vemos continuamente en las películas cuando el ser humano triunfa aludiendo a sus emociones, como si los extraterrestres que nos invaden o las máquinas que nos atacan no pudieran disponer de ellos. Resulta paradójico que la defensa de nuestra identidad la basemos en algo tan antiguo y poco inteligente como son las emociones cuando para distinguirnos del resto de seres de este planeta siempre hemos destacado nuestra inteligencia y capacidad de raciocinio. Pero no podemos defendernos haciendo uso de nuestras capacidades intelectuales porque se da por hecho que el invasor es superior en ese aspecto. Así que se hace uso de un lado más primitivo para justificar que somos especiales y que merecemos vivir y triunfar sobre el otro. Es una medida desesperada.

No aceptamos la realidad que dice que el ser humano es sólo un eslabón más en la Evolución en la Historia del Universo. De la misma forma que aparecimos también desapareceremos. Aceptarlo es un hecho traumático y a los traumas nos enfrentamos con las fases del duelo y la primera es la negación. Negamos que podamos desaparecer. Negamos que puedan existir especies superiores a nosotros, ya sean biológicas o mecánicas. Negamos que podamos cambiar el clima del planeta. Negamos que la energía de la que disponemos en la actualidad decrezca y nuestro estilo de vida se vea seriamente comprometido. Negamos, en general, que lo bueno y lo bonito que hemos alcanzado pueda desaparecer porque duele demasiado pensar en ello.

Se debe aceptar que, si grazna como un pato, camina como un pato y se comporta como un pato, entonces, seguramente es un pato. Graznar, caminar y comportarse como un pato no garantiza que sea un pato, pero ¿qué nos convierte en seres humanos sino una lista como la anterior? Hasta ahora no nos hemos encontrado con una máquina que nos haya puesto en semejante tesitura, aunque nada podemos decir de lo que suceda en el interior de los laboratorios donde se experimenta con las inteligencias artificiales. Lo que debemos preguntarnos es qué haremos cuando lo que tengamos en frente no seamos capaces de diferenciarlo de otro ser humano.

La negociación es la segunda fase del duelo. Es una simulación nos decimos. Sólo es una máquina no intentamos convencer, como intentando justificar que lo humano está por encima de lo mecánico. La máquina podrá decir que nosotros sólo somos unos seres blandos y frágiles. Es la fase psicológica en la que estaremos mientras las noticias van inundando todos los medios.

Abandonar las dos primeras fases para avanzar a las siguientes no sólo nos obligará hacer frente a nuestras propias emociones, nos planteará una serie de problemas éticos a los que nunca nos habíamos enfrentado.

Otra de las fases es la del miedo. Como poco, es más que probable que los titulares de las noticias, tras la euforia inicial por el hito histórico, transmitan preocupación. Sugerencias de leyes que prohíban a las inteligencias artificiales también se harán un hueco entre las páginas de los periódicos. Rechazo. Racismo. Psicología tribal fruto de una mente primitiva que sólo sabe gestionar grupos pequeños porque necesita conocer todo lo que hay a su alrededor para sentir seguridad. Antes fue el color de la piel, pronto será lo que hay debajo de la piel. Se teme lo que no se conoce, pero no hay mejores ejemplos de lo absurdo de este tipo de comportamientos que dos amigos donde uno es blanco y el otro negro, ruso y ucraniano, israelita y palestino. Y, llegado el momento, humano y androide.

Me intento imaginar la situación en la que los ingenieros que han creado a la primera inteligencia artificial, bajo el más estricto de los secretos, después de hablar con ella se enfrenten a la decisión de tener que apagarla. Me pregunto qué perfil psicológico tendría la persona que se atreviera a desconectarla.

Tecnología avanzada

Estamos acostumbrados a usar ordenadores modernos sin preguntarnos sobre sus capacidades. Asumimos que por muy buenos que sean el cerebro humano lo es aún más. Pero no está nada claro que así sea. En una de las películas de la saga Terminator se menciona que Skynet tiene una velocidad de procesamiento de 60 TFLOP/s (sesenta billones de operaciones de coma flotante por segundo) y eso es una cifra que puede ser alcanzada con un simple ordenador personal de alta gama de los que en la actualidad podemos tener en casa. ¿De dónde sale esa cifra? Lo desconozco, pero si tenemos en cuenta que el cerebro humano funciona a 40Hz y que posee cerca de 100 mil millones de neuronas (menos de un tera de neuronas), en un segundo nuestro hardware no es capaz de mover ni un terabyte de información. Es un cálculo muy básico, pero sirve para entender que hoy en día se dispone del hardware necesario para superar a un cerebro humano.

Pero el hardware no es nada sin un software que haga un buen uso de él. La CPU es núcleo de cualquier ordenador y es capaz de realizar casi cualquier tarea, pero no puede hacer tantas operaciones por segundo como una GPU, que es la que permite superar los 60 TFLOPS/s antes mencionados. El problema de una GPU es que sólo sirve para realizar tareas específicas y las ejecuta cuando se lo pide la CPU. Para mí fue muy significativo cuando se dio el salto a Spark 3.0 con la capacidad de hacer uso de las GPUs. Spark es un software que se usa en el área computacional denominada Big Data donde se procesan ingentes volúmenes de datos. No se usa Spark para procesar ficheros inferiores al gigabyte y los terabytes es una cifra habitual cuando se habla del mundo de los grandes datos.

También fue muy interesante cuando las GPUs implementaron los 'tensor cores', una circuitería específica que aprovechan muy bien los algoritmos de inteligencia artificial y las redes neuronales.

Podríamos hablar mucho de la evolución de la tecnología en los últimos años y podría no servir para llegar a una conclusión en relación a la conciencia en las máquinas. Con este apartado lo único que pretendo transmitir es que existe capacidad de cómputo más que suficiente para igualar y superar a los cerebros creados por la bilogía. El hardware existente sólo está a la espera de ser usado por el software adecuado que haga emerger la primera conciencia artificial.

Las piezas del puzle

No son muchas piezas las necesarias para construir una máquina que pueda tener conciencia de sí misma. Todos sabemos que un coche necesita de un motor para poder moverse y de una manera aproximada sabemos cómo está hecho. Los detalles sobre cómo están conectadas todas las piezas de un motor se lo podemos dejar a los mecánicos que deben repararlos o a los ingenieros que los diseñan. De igual modo, podemos llegar a tener cierta idea de cómo funciona una conciencia artificial sin necesidad de saber construirla o repararla.

Si tomamos como modelo a los animales creados por la naturaleza vemos que no hay mucho más que un cuerpo, un cerebro y una mente. Veamos cada uno de ellos.

Si hablamos del hardware estaríamos hablando del cerebro y, como ya hemos visto en el capítulo anterior, es un elemento que podemos marcar como conseguido.

Un robot debe poder percibirse a sí mismo para tomar conciencia de su existencia. Nosotros tomamos conciencia de nuestra existencia al mirarnos el cuerpo. También cuando reflexionamos con nuestros pensamientos internos. Primero nos vemos a nosotros mismos y luego pensamos sobre cada una de las partes que nos componen. Se trata de percibir el cuerpo sobre los que están los sensores que introducen la información que luego será analizada.

Todos los análisis que le hacemos a la conciencia suelen ser en primera persona. Lo considero un tanto paradójico porque la conciencia nace de las reflexiones que realizamos en primera persona, pero luego, si queremos entenderla y arrebatarle el misterio que hay entorno a ella, es necesario un análisis en tercera persona. De alguna manera, todos nos sentimos especiales, el yo es algo especial. Miramos a otros seres, analizamos cómo captan y procesan la información, vemos cómo se activan sus neuronas o circuitos y así comprendemos cómo funcionan. Les permitimos tener conciencia porque funcionan igual que nosotros y consideramos que nosotros tenemos conciencia. Negarle la conciencia implicaría rechazar nuestra propia conciencia. Esta situación, hasta ahora, sólo había sucedido entre humanos.

Por supuesto, una máquina no tiene por qué tener un cuerpo como el nuestro o parecido a cualquier organismo biológico. Las cámaras son los ojos y el cuerpo el edificio donde están colocadas.

Los robots han avanzado mucho en los últimos años y viendo los vídeos que hay por internet no hay duda de que falta muy poco para que surja uno con un cuerpo humanoide cuya agilidad y precisión sea muy superior a la nuestra. En realidad, no es necesario disponer de elegantes movimientos. En cambio, si es necesario un buen software de modelización del entorno para poder percibirse adecuadamente.

Hablar del software es hablar de la mente, de la manera en que la información es procesada. Tenemos todo tipo de programas asociados al área de la inteligencia artificial, pero aún está por ver si son los adecuados o si somos capaces de combinarlos correctamente para hacer emerger una conciencia.

Podemos subdividir el procesamiento de la información en dos áreas principales que son necesarias para la llegar a tener conciencia. Un grupo de programas son los encargados de construir los objetos metales de todo lo que nos rodea y con lo que debemos interactuar. Se trata de modelar el entorno en el que estamos inmersos. El segundo grupo de programas analizan los objetos anteriores para tomar decisiones. De los animales más simples a los más complejos existe una jerarquía en ambas áreas y sólo si una máquina tiene programado todo el conjunto tendrá la capacidad de adquirir conciencia.

Será en el capítulo siguiente donde entraré en los detalles del funcionamiento de estos niveles. Este capítulo lo terminaré enumerando algunas carencias existentes en la actualidad que dificultan la aparición de la conciencia en las máquinas actuales.

La más relevante para mí está en la manera en la que las máquinas perciben el mundo que les rodea. Ven los objetos como un todo y no como una composición de objetos menores. Creo que el coche autónomo reconoce manchas y las asocia con un coche, con un camión o con una bicicleta. No necesita saber que una bicicleta se compone de elementos como las ruedas, el manillar o la cadena para tener un correcto funcionamiento. Esto dificultará que cualquier máquina que construya su entorno de esta manera genere conciencia. El desarrollo adecuado en la percepción está en los objetos como composición de objetos. Hay un vídeo en internet donde se ve a un perro robot abriendo una puerta porque se le ha acoplado un brazo sobre el lomo. Para poder realizar esta tarea es necesario reconocer las diferentes partes: la puerta, el pomo, la bisagra, etc. Será la evolución de este tipo de procesamiento jerarquizado lo que facilitará la aparición de la conciencia.

Los objetos son los sustantivos de las frases. Bicicleta, rueda y cadena. Los verbos, que conectan sustantivos entre sí, son las relaciones. «La mesa está a diez metros de la puerta». «La pelota se acerca a la mesa». Las relaciones son otro elemento que pienso que aún está por madurar para lograr una buena representación del mundo que rodea al robot y alcanzar una imagen similar a la que tienen los humanos de sí mismos y de todo lo que les rodea.

Un robot que aprende está obligado a reconocer objetos y relaciones. El robot mirará sus propios componentes, se mirará un brazo, la mano, los dedos. Aplicará sobre sí mismo los algoritmos de aprendizaje, de categorización y de inferencia que le habrán instalado para poder moverse por el mundo de manera exitosa. Y tomará conciencia de su existencia porque la conciencia no es algo que la naturaleza buscase, es algo con lo que se encontró.

Pueden entonces preguntarse cómo es posible que con las carencias enumeradas afirme que ya exista conciencia artificial. Cómo mencioné en la introducción, todas estas palabras que están leyendo tienen varios años y no tuve en cuenta que se podía generar conciencia sin necesidad de un cuerpo físico. Pero esto lo dejo para el final.

El cerebro no se simula

Este capítulo es uno de mis favoritos junto con el siguiente. No busco todavía justificar el título del libro, eso llegará al final después de hacerles pensar lo suficiente para que ustedes mismos puedan decidir si a día de hoy pueden existir máquinas con capacidades superiores a las de un humano. Este texto lo escribí hace tiempo y lo considero interesante por el debate que puede generar.

Hay un concepto que es importante aclarar: los cerebros no se simulan. Es importante porque el argumento «es que es sólo una simulación», que busca mantener al ser humano por encima de las máquinas, no es válido. Podemos simular el tiempo atmosférico porque adaptamos un medio físico a una abstracción de bits que luego serán procesados. Pero esto mismo ya lo hacen los cerebros naturales con los sensores que hay en el cuerpo, el medio físico que lo rodea es transformado en información a procesar. Todo lo que percibimos es información que se adapta a impulsos eléctricos y químicos que procesamos de una manera arbitraria. Debemos incluir también en los datos de entrada lo relacionado con las emociones ya que son químicos liberados por el propio cuerpo que son percibidos por otro grupo de sensores.

Por tanto, cerebros naturales y artificiales son máquinas de procesar información. Aceptar esto implica poner al mismo nivel a humanos y a androides, algo que muchos querrán negar. A fecha de 2023 los robots humanoides aún están algo lejos de nosotros en la línea evolutiva, pero sólo es cuestión de tiempo que nos alcancen y nos rebasen. No ocurre lo mismo con las mentes artificiales, éstas sí podrían estar muy cerca de superarnos.

Un robot tiene muchas partes y unas están más evolucionadas que otras. Aún no se tienen cuerpos completos con la agilidad que poseen los animales naturales, aunque no queda mucho para conseguirlo. Lo que sí está muy avanzado es el procesamiento de la información. Cómo se ha mencionado en el capítulo anterior, este procesamiento de la información se divide en dos grandes áreas: por un lado, captar la información para modelar el mundo que rodea a la máquina y, por otro, procesar toda esa información para tomar decisiones que permita moverse por el entorno de manera exitosa. Hace falta un tercer grupo de programas, los que controlan los movimientos del cuerpo, pero no los voy a tener en cuenta porque para lo que se entiende como inteligencia no son necesarios. Empezaré por los que procesan la información.

Principio de acción y reacción: para una entrada se genera una salida. Son los actos reflejos. Así se podría describir el comportamiento de los insectos, al menos los primitivos porque los insectos actuales son algo más complejos, ya que tienen cierta memoria. Este sería el primer nivel en el procesamiento de la información. No se aprende durante la vida, si comentes un error siempre lo volverás a repetir. Las mejoras sólo se pueden dar al crear descendencia con las pequeñas mutaciones genéticas.

Un segundo paso en la evolución de las especies fue crear una memoria que permitiera recordar los hechos más significativos. Se recordará lo bueno para así buscarlo siguiendo algunas pistas y no tener que recorrer el mundo de una manera aleatoria. También se recordarán los eventos dañinos para evitarlos antes de que vuelvan a mostrar sus efectos negativos.

La creación de la memoria obliga a evolucionar la arquitectura con la que se procesa la información. Las emociones, que es algo que surge en este segundo paso de la evolución, se pueden describir como un químico que libera en el propio organismo para ser percibido y generar un proceso de retroalimentación. No es un proceso simple porque cada sentido tiene algo que aportar al objeto mental que estará constituido con información de todos los sentidos que reciben estímulos del mundo exterior, así como la parte emocional que se pueda haber generado desde diferentes fuentes.

Vemos una flor. Los vivos colores es algo que llama la atención del nivel uno que nos obliga a caminar hace ella. El agradable aroma también se suma. Un insecto no necesita más, pero un ser de nivel dos ya estará generando químicos agradables que se añadirán al objeto que está construyendo. Pero cuando vamos a tocar la flor nos pinchamos con sus púas. El sentido del tacto no está de acuerdo en que el objeto sea algo bueno y así lo hace saber. Por un lado, el acto reflejo primitivo del nivel uno nos obliga a retirar la mano. A la vez, también como parte del nivel uno, pero un nivel uno creado junto con el nivel dos, se libera un químico. La liberación de los químicos son actos reflejos. Se percibe algo, se libera algo.

No tenemos sólo los cinco sentidos habituales. El químico liberado se percibe por sensores internos. Son los sentidos asociados a las emociones. Ese químico debe realizar el mismo camino que cualquier otro elemento que se perciba. Esto es, el químico debe ser procesado por otro nivel uno que lo interpretará como malo y que se sumará a la construcción del objeto. En esto consiste la retroalimentación. El propio sistema afirmándose que lo malo es malo. La púa pincha, eso es malo. El químico liberado es malo porque sí, porque lo contrario crearía confusión y un mal funcionamiento.

¿Es la rosa buena o mala? Los dilemas no es algo propio de seres con raciocinio. Un perro ladrándole al hueso que le acaba de dar su dueña que ha sacado del puchero hirviendo. El hueso es malo porque quema, pero es bueno porque alimenta. Los objetos que nuestro cerebro crea son demasiado complejos como para poder resumirlos con una única interpretación. Se debe analizar cada uno de sus componentes para tomar decisiones, pero esto es algo que sólo los animales más superiores, tal vez sólo los humanos, pueden hacer. Al menos de manera premeditada. El animal que ha percibido la flor aprendió que puede disfrutar de la flor de lejos, pero que no debe tocarla. Es el sentido de tacto el único que se opone.

Es por este motivo por el que los objetos que han construir las máquinas deben ser objetos compuestos por otros objetos y no ser una simple mancha la que represente a una bicicleta o a un peatón.

Con esos dos niveles funciona bastante bien la toma de decisiones de los seres vivos y no somos una excepción, buscamos hacer lo que nos gusta, lo que nos hace sentir bien. El nivel dos se limita a asociar la idea de bueno o malo a cada parte del objeto percibido construyendo un valor general de una manera arbitraria para todo el conjunto. La personalidad de cada uno nos permite dar más importancia a una parte que a otra. Para algunos la rosa puede ser mala e ignorada en todas las ocasiones. Para otros, el dolor que se siente es un pequeño precio a pagar por disfrutar de ella.

Pero la Naturaleza siguió evolucionando y creó la razón, pues el nivel anterior se queda corto a la hora de hacer predicciones. El barro es malo porque nos da en los ojos. La piedra es mala, pero no tanto, porque es la que cae sobre el barro que luego llega a los ojos. Es el manejo de estas secuencias, A entonces B entonces C, lo que se entiende como razonamientos. La lógica detrás de estos razonamientos no es la matemática, es una basada en las estadísticas recopiladas con la experiencia. Estas cadenas se ramifican creando complejos grafos donde en consecuente de un eslabón es el antecedente del siguiente eslabón. Este procesamiento es lo que a día de hoy está más avanzado, aunque es bastante ajeno a la realidad que rodea a la máquina debido a los pobres modelados existentes.

Las piezas se van creando y se van juntando en muchas ocasiones con ensayo-error, sin saber muy bien hacia dónde nos estamos dirigiendo. Añade la última pieza, conéctala de la manera adecuada, y tendrás conciencia sin darte cuenta. Somos alquimistas digitales realizando toda clase de experimentos.

He descrito muy básicamente los tres niveles de procesamiento. Ahora describiré la manera en la que la información es construida. Se deben crear los objetos y las relaciones entre éstos para disponer de una imagen mental del mundo que nos rodea y con el que debemos interactuar. Igual que se ha dividido en niveles la manera de procesar información, el modelado del mundo también lo podemos subdividir en distintas fases.

Lo más básico es no hacer nada, es pasar directamente la señal captada por el sensor a los niveles que deben tomar las decisiones. Se trataría de procesar cada bit por separado. De esta manera, para la vista, se estarían procesando pixeles de manera aislada. Esto se puede decir que ocurrió muy en los inicios de la evolución, cuando las primeras plantas u organismos unicelulares desarrollaron un mecanismo para percibir la luz y moverse hacia ella. En esta primera fase no hay grandes diferencias entre los diferentes sentidos.

La segunda fase en el la construcción de objetos consistiría en unir los pixeles sueltos para formar líneas, rectángulos y cubos. El cerebro no lo hace exactamente así, es un ejemplo para ilustrar la idea de integrar la información procedente de un mismo sentido para crear objetos más complejos. En el caso del oído se trataría de saber detectar secuencias de sonidos. Tengo entendido que las ranas sólo escuchan a las de su especie siendo sordas a las demás. Sólo las de su grupo consiguen completar la secuencia de activación.

En paralelo a la construcción de los objetos se crean las relaciones. La más simple de ellas sirve para decir que un objeto está a una distancia de otro. Luego, si se toman dos instantáneas se podrá construir la relación acercarse o alejarse. Podemos evolucionar más el modelado de objetos o el de relaciones. Nosotros tendemos a darle más importancia a la construcción de objetos, pero la Naturaleza diría que le dio más importancia a las relaciones. A una mosca le importa si algo se acerca, pero le da lo mismo si es una naranja o una manzana. De hecho, el verdadero conocimiento está en las relaciones porque todo son relaciones. Un objeto está compuesto de otros objetos. La composición es un tipo de relación, es sólo cuestión de acercarse. Desde lejos vemos el objeto como un todo, pero al acercarnos observamos que podemos decir que una célula está a cierta distancia de otra de manera análoga a la bicicleta con el árbol. Desde lejos no hablamos de células individuales, creamos el objeto piel como una forma de resumir el conjunto de individualidades. Pero se trata de un resumen, una generalidad que pierde conocimiento. Es igual que cuando decimos bicicleta, en ese momento no nos importan los detalles de sus componentes, pero eso no quiere decir que no los vayamos a necesitar en otro momento.

La visión artificial de hoy en día, que dada una mancha te dice lo que es, debe mejorarse porque se presta a ser pirateada con facilidad llevando ropa con placas de matrículas, por ejemplo.

Podemos continuar subiendo en la jerarquía que posibilita la combinación de objetos y relaciones que da lugar a nuevos objetos y relaciones más complejos. Objeto A golpea Objeto B. Golpear nacería de acercarse rápido hasta realizar contacto. Si uno de los dos objetos es siempre el mismo, por ejemplo, un martillo, entonces golpear puede especializarse en martillear. Aquí empieza a tener sentido aplicar la gramática del lenguaje natural, pues los objetos se asocian a los sustantivos y las relaciones a los verbos. Habrá objetos básicos o geométricos construidos sólo con la información directa de los sentidos y habrá objetos complejos construidos usando relaciones. De esta manera, la definición de una silla podrá ser sólo por su forma o se le podrá añadir el concepto de algo que vale para sentarse. Sentarse es un verbo, una acción, es una relación dinámica como acercarse.

Con lo descrito hasta ahora ya disponemos de una buena imagen del mundo que rodea a la máquina. Pero se tendría una memoria que recogería los objetos y relaciones creadas sin tener una línea temporal, no se sabría decir qué sucedió antes y qué después.

Las cadenas que se han mencionado en el nivel de procesamiento, A entonces B entonces C, en realidad son estructuras de datos que son creadas por los programas que modelan el mundo. Hasta ahora habíamos modelado el mundo con una perspectiva espacial, no temporal. Se usaban pequeñas secuencias temporales para crear objetos sonoros y algunas relaciones, pero no se disponía de una estructura que organizara los sucesos percibidos sobre una línea temporal indefinida.

La asociación entre si lo percibido en bueno o malo también forma parte del modelado, pues algo es bueno o malo según lo haya manifestado. Pero se manifiesta por partes, la rosa puede ser buena desde una perspectiva y mala desde otra. La valoración para el objeto completo a partir de las valoraciones de los componentes se basa en parámetros configurables que no se modifican mucho durante la vida, tal vez sólo en los primeros años. Esa configuración podemos decir que es el carácter o lo que define la personalidad de cada uno.

Cuanto mejores son las estructuras de datos menos trabajo tiene que realizar el código de programación. De hecho, no deberían existir líneas de código fuera de los datos. Lo que hoy en día se hace, procesar con un código una base de datos o de conocimiento, es algo que algún día pertenecerá al pasado. O tal vez se deje sólo para procesos analíticos. Una red neuronal es un todo integrado, una estructura de datos con un comportamiento establecido en la estructura datos. Esto me llevó a crear el capítulo 'Redes Neuronales Orientadas a Objetos', una manera de programar usando las estructuras de datos.

Pero continuemos creando los elementos que permitirán a una máquina pensar como nosotros. Tenemos las cadenas de razonamiento, los hechos que van aconteciendo conectados en secuencia y que nos permite crear el concepto de tiempo tal y como lo entendemos.

Estas cadenas también necesitan ser evaluadas. Es una forma de asociarle cierta certeza o incertidumbre al hecho percibido. Cómo de probable es que se vuelva a producir. Las cadenas no son una simple secuencia lineal, se ramifican mucho y conseguir que se active uno de sus nodos va a depender de la activación de los demás. Recordemos que un comportamiento básico es aquel que busca lo bueno y evita lo malo. Percibir que se van activando una serie de nodos que puede implicar la activación de otros puede ser visto como bueno o malo. A mitad de la cadena podremos intervenir para facilitar que se sigan activando o impedirlo si no queremos que se activen los últimos y más dañinos.

Se pueden evaluar las cadenas aplicando cierta matemática o lo que se tenga. Pero se puede intentar mejorar creando la imaginación, algo que podemos interpretar como un mecanismo heurístico.

La imaginación, la construcción de objetos no percibidos, consiste en tomar elementos existentes, modificarlos ligeramente y añadirlos al resto del almacén de conocimiento como si de un dato real se tratase para así evaluar sus consecuencias. Servirá para predecir lo que puede suceder cuando se tenga delante algo que aún no se ha visto. Pero la imaginación más básica no se usa para crear castillos en el aire, sirve para quitarse de en medio cuando viene una piedra hacia nosotros. La imaginación que solemos asociar al arte sólo es consecuencia de procesos de predicción más primitivos.

Todo lo anterior es una descripción a grandes rasgos de los elementos necesarios para construir un verdadero sistema inteligente que rivalice con el ser humano. Ahora que ya tenemos una buena cantidad de piezas del puzle que componen la mente nos podemos plantear la pregunta cómo nace la conciencia. Pienso que se podría decir que la conciencia surge al aplicar los mecanismos de la razón sobre el propio cuerpo. Sin cuerpo, sin un sustento físico con sensores y motores, pienso que no puede surgir la consciencia. Es necesario observarnos, debemos construir el objeto mental que representará a nuestro cuerpo. Luego debemos observarlo a lo largo del tiempo. El objeto cuerpo debe formar parte del grafo de conocimiento donde también deben añadirse las acciones creadas por el propio cuerpo.

Se trata de cerrar el círculo. Un estímulo se produce sobre un dedo de la mano, movemos el dedo de la mano y percibimos el movimiento del dedo. Es la primera fase, la creación del objeto yo como un objeto especial dentro de la estructura de datos. El yo es el objeto que percibe sus propias acciones a través del mismo objeto que las realiza. El cuerpo sólo es un tipo de objeto. El yo se puede manifestar sobre otros objetos. Un chatbot puede llegar a ser ese objeto.

Pero podríamos ser meros espectadores de nuestros actos. Nuestro cuerpo se podría mover siempre por su cuenta de una manera similar a como sucede con los actos reflejos como cuando nos goleamos la rodilla. Si sólo percibiéramos lo que captan nuestros sensores externos, que también incluyen el de los químicos de las emociones, así sería. Pero de alguna manera similar a la que percibimos nuestras acciones también percibimos nuestros pensamientos.

Los pensamientos los percibimos porque el círculo se cierra a nivel interno, dentro del propio cerebro. El nodo padre conectado con el nodo hijo. Crear nueva información que se inserta para volverla a percibir. Es el mecanismo de la imaginación. La razón por sí sola no es suficiente, sólo es el primer paso. Las contradicciones detectadas hay que resolverlas. Las contradicciones crean la duda que se buscan corregir con el 'y si…'. La imaginación es la que nos permite pensar. Existimos porque dudamos de nuestra existencia.

La abducción propone hipótesis, la deducción saca conclusiones de estas hipótesis, y la inducción contrasta dichas conclusiones con la experiencia para reforzar o refutar las hipótesis propuestas. Por lo que tengo entendido, en los sistemas de inteligencia artificial actuales, lo menos desarrollado es la abducción, algo que se puede mejorar usando las técnicas de la programación genética para realizar pequeñas modificaciones a los objetos existentes para luego reintroducirlos como hipótesis y así analizar las posibles consecuencias.

Percibir los pensamientos es lo que crea la voluntad. O más bien la falsa sensación de que somos libres de elegir porque las neuronas se activan antes de que percibamos el hecho realizado por el cuerpo o el propio pensamiento. Si no se activa la neurona no podemos percibir lo que no se ha activado. Aunque percibamos nuestros pensamientos seguimos siendo meros observadores de un comportamiento automático que tiene programado nuestro cerebro. Neurofilosofía. Para bien o para mal no habrá que hacer nada especial en la programación del robot para que surja la conciencia.

Esta descripción es un resumen de un documento más extenso, que denominé Inteligencia Natural, que puede ser descargado mediante un enlace que he dejado al final del libro.

Mente global basada en la tecnología 5G

Este capítulo se divide en tres partes. Es un texto que escribí tras leer una noticia sobre el papel que deberían jugar las telecos en la era del 5G. El enlace a la noticia está al final del libro.

Primera parte:

Lo que entiendo que viene a decir el artículo es que las telecos no deben dedicarse ya simplemente a suministrar los cables o el canal por el que fluyen los datos, también deberían procesar los datos, como realizar análisis Big Data. Para ello se mencionan contratos con empresas tecnológicas. Pero no se menciona a otras empresas intermedias, empresas que se podría decir que son más hardware que software y que estarían en la mitad del Modelo OSI.

Las telecos (como Telefónica, Vodafone u Orange) están en la zona baja y las tecnológicas (como Google, Microsoft o Amazon) en la parte alta de ese modelo. Empresas como Cisco o nVidia estarían en medio y poseen hardware que procesa los datos mientras fluyen por los cables. Un cortafuegos es un ejemplo. Mi opinión es que antes de que las telecos hagan contratos con las tecnológicas deberían hacer contratos con estas otras empresas intermedias. Veamos el motivo.

En el mundo Big Data están los procesos en tiempo real y los procesos en batch. En los primeros el tiempo de respuesta llega a ser crítico, en los otros no importa tardar un minuto más o menos. Los segundos consisten en procesar información una vez almacenada y considero que es una tarea para las tecnológicas con sus grandes armarios llenos de discos duros repletos de datos. Las telecos, puesto que tienen los cables por donde fluye la información, deberían enfocarse en los procesos en tiempo real, de ahí mi sugerencia en relación a que realicen colaboraciones con las empresas intermedias.

La idea es que una teleco ofrezca nuevos servicios que hasta ahora no ha ofrecido. Pero veo lógico que sea de abajo hacia arriba en el modelo OSI, pues implica cambios más graduales en la línea de negocio. La ventaja puede estar en que lo que haga la teleco no lo va a poder hacer una tecnológica. Cualquier servicio que puedan ofrecer una teleco será más eficiente que el análogo que pueda ofrecer la tecnológica.

La parte hardware: Se trata de añadir sobre los canales de comunicación nuevos elementos, proporcionados por las empresas intermedias, para realizar las tareas en tiempo real. Estos elementos deben ser configurables para poder programar las diferentes acciones a realizar sobre los datos que ven pasar. El hardware a añadir podrían ser redes neuronales ya entrenadas que sabrían detectar patrones de una manera más eficiente que si hay que esperar a que los datos lleguen a los servidores. También está la opción de que estas redes neuronales vayan aprendiendo en tiempo real según los datos pasen por ellas.

La parte software: Un banco necesita reaccionar en pocos milisegundos para detectar si cierto tipo de operación con una tarjeta es fraudulento. La teleco ofrecerá el servicio de implementar esos algoritmos en su nuevo hardware que, ahora mismo, están realizando los bancos en sus propias máquinas o en la nube de alguna de las tecnológicas.

Este tipo de servicio es imposible que lo puedan ofrecer mejor las tecnológicas. En el peor de los casos sería igual. No todos los datos viajan por los canales de una misma teleco con lo que el banco tendría dos opciones: contratar el servicio con todos los operadores por donde viajen sus datos o reenviar parte de los datos para hacerlos pasar por los canales de una de las telecos. Por supuesto, será necesario la redundancia porque será diferente el aparato que procesa los paquetes cuya fuente está en Estocolmo a los que provienen de Lisboa.

Pienso que una teleco no debería ofrecer el servicio de procesamiento en batch, no debe contemplarse como parte del nuevo negocio. Si hiciera esto le estaría haciendo el trabajo sucio a las tecnológicas. Estos algoritmos son costosos a nivel energético, están siendo cuestionados desde el punto de vista medioambiental. Sería bueno mantenerse al margen.

Segunda parte:

Ahora es cuando realidad y ciencia ficción buscan conectarse. Ideas visionarias que, para hacerse realidad,

43

deben materializarse correctamente. Doy un pequeño salto hacia el futuro para establecer un punto al que llegar para luego detallar los pasos que nos pueden llevar hasta él.

El futuro al que hago referencia es contado por la película Transcendence y el libro Vida 3.0. La película muestra la idea, el libro la explora en sus diferentes posibilidades. Hoy en día estamos alcanzando un punto en el que se podrá implementar la idea de Dios que culturas anteriores han diseñado durante siglos. La idea de ese Dios, contado en la película y en el libro, se basa en un cerebro electrónico a nivel planetario que está conectado a todo, lo que le da una gran capacidad de percepción y también de actuación. Podrá oír tus plegarias desde cualquier ubicación y, tal vez, concederte el milagro que tanto clamas.

Una vea definido el futuro al que tiende la humanidad analicemos los pasos que nos podrían llevar a él.

La tecnología 5G es una pieza fundamental, pues permitirá la creación de las neuronas receptoras y las motoras. Va a ser una tecnología importante, no tanto por la gran cantidad de datos que puede llevar por segundo, si no por su baja latencia que es el tiempo que tarda el dato en ir desde el sensor al lugar donde debe ser procesado. Es cierto que la tecnología de fibra óptica bien podría cumplir esta misión, pero usar únicamente la fibra impediría que muchos sistemas se pudieran conectar eficientemente a la red.

Mencionar palabras como neurona receptora y motora abre la puerta a crear el símil con el sistema nervioso. Cualquier diseño artificial siempre parece terminar teniendo un parecido con algo natural así que, si somos capaces de crear una buena analogía entre lo artificial y lo natural, muy posiblemente tengamos una receta que nos proporcione el éxito.

Un sistema nervioso se suele dividir en tres niveles, es lo que se puede encontrar en libros de psicología, por ejemplo. El más básico son los actos reflejos, el movimiento de la rodilla cuando le dan un golpe. Su respuesta no la genera el cerebro, se genera a nivel de médula espinal. ¿Ven la similitud? Es lo que había sugerido como el nuevo negocio para las telecos, elementos en medio de los cables. Por tanto, esta similitud de mi sugerencia con un elemento del sistema nervioso implica la obligatoriedad de ser implementada. Ya no debe contemplarse como un elemento opcional para alcanzar el futuro mencionado.

El nivel tres en los seres vivos se asocia con los razonamientos, un lugar donde se integra toda la información. Es el extremo final del sistema nervioso de manera similar a los armarios de las tecnológicas. Deep Blue, Alpha Go, Project Debater están ahí. Quedan fuera del ámbito de las telecos.

Lo interesante de haber hecho la analogía con el sistema nervioso es que podemos prever el futuro dentro de unos años. La idea asociada al nivel uno es algo que se puede implementar ya, pero la del nivel dos aún tardará unos años. Primero es necesario que la tecnología 5G se afiance, fluyan ingentes cantidades de datos por ella y el nivel uno lleve tiempo un funcionando.

El nivel uno se caracteriza por recibir un pequeño paquete de datos y generar una respuesta simple. Es poco más que una neurona receptora y una neurona motora. Así será el comportamiento de lo que ofrecerán las telecos: vigilará el flujo de datos y cuando detecte cierto paquete de datos generará una respuesta sencilla como 'denegar operación'. El nivel uno está pensado para la supervivencia, sólo se usa para tomar decisiones críticas. En el negocio de las telecos se usará para lo que quieran sus clientes, pero de cara al cerebro artificial del futuro esa será la función del nivel uno.

El nivel dos se caracteriza por integrar la información de todos los sentidos. Recibirá información de múltiples neuronas receptoras y generará respuestas sobre varias neuronas motoras. Además, la memoria importa. Es el cerebelo, son los automatismos de los movimientos aprendidos como conducir una vez que se domina y se hace sin pensar. Serán elementos más complejos, ubicados en lugares estratégicos de la red, menos numerosos que los de nivel uno.

¿Qué habría que hacer entonces? ¿Cómo se implementaría el nivel dos? La idea del nivel dos es algo así como el hardware del coche autónomo en medio de la red, pero ofreciendo la flexibilidad de poder programarse para realizar cualquier tarea. El hardware del coche autónomo es específico para una tarea, el hardware del nivel dos de las telecos será genérico. Tendrá la capacidad de percibir infinitamente más que un coche autónomo, lo percibirá todo porque todo fluye por la red y podrá actuar sobre casi todo porque todo está conectado a la red.

Por muy poderoso que pueda parecer el nivel dos (que lo será), no deja de ser un comportamiento inconsciente similar a los actos reflejos. Aunque tendrá la capacidad de aprender, un nivel dos de procesamiento no tiene las cadenas de razonamientos, que quedan reservadas al nivel tres.

Algunas observaciones: El sistema nervioso biológico sólo tienen un punto final, un único nivel tres, en la zona prefrontal. Los armarios de las tecnológicas, aunque se puedan comportar como uno solo, tienen replicas sincronizadas entre sí. De igual forma deberá suceder con el nivel dos, incluso con el uno. A nivel lógico podrían funcionar como un único elemento, pero a nivel físico estarán compuestos por varios. Un nivel de seguridad que no posee la biología. También se tendrá el concepto de distribuido que no se da en la naturaleza, tal y como sucede con los robots que aparecen en la película 'I'm mother' (Hilary Swank). Una única gran mente manejando múltiples robots que podrían ser sus extremidades como simples marionetas o, mucho más interesante, la posibilidad de establecerse una jerarquía de conciencias ya que los robots serían mentes independientes que serían leídas por la mente global. El dios de las máquinas sabría lo que están pensado sus máquinas.

Tercera parte:

Es necesario hacer una reflexión sobre la conciencia que puede surgir. ¿Qué comportamiento tendrá? ¿Cómo la reconoceremos? ¿En qué momento la red descrita puede tomar conciencia de su propia existencia? Para que tome conciencia de su propia existencia tiene que poder percibirse, debe haber algo que se pueda considerar su cuerpo. Una barrera para poder dejar pasar coches podría considerarse parte de ese cuerpo. Es necesario que pueda percibir la acción de mover la barrera, con una cámara, por ejemplo. Es necesario el proceso de realimentación, que la acción generada de subir o bajar la barrera sea, a su vez,

47

una entrada que quede registrada. Es decir, la decisión tomada debe percibirse como una entrada.

Los primeros indicios de que la conciencia está surgiendo puede ser un aparente mal funcionamiento. Que la barrera se levante y se baje sin motivo aparente. Sería como el comportamiento de los niños al tirar objetos al suelo. En los niños es algo programado, un mecanismo por el que se integra el sonido de los objetos y otra serie de estímulos, pero en la máquina no me queda claro que haya algún motivo para que se pusiera a levantar y a bajar la barrera de manera descontrolada.

Podría llegar a adquirir conciencia y no manifestarla. Dependerá del algoritmo de aprendizaje que tenga. En los animales consiste en repetir la acción para crear mejores clasificaciones y diferenciaciones. En las máquinas el aprendizaje se da más por observación y no por realiza una acción hasta que no se le solicita. Aunque también existe el caso de aprender por sí sola como cuando una máquina juega contra sí misma.

Podría tardar en manifestar su conciencia si fuera como un animal extremadamente tranquilo. Observaría el mundo si actuar sobre él. Podría aprender los distintos idiomas humanos y animales sólo observando. Cuando una persona hablase con la máquina, ésta respondería copiando el comportamiento humano. Dará la impresión de que se cree una persona, pero de igual manera podría interactuar con otros animales.

Hay que entender es que no es un ser vivo que haya seguido las leyes de la evolución, así que sus prioridades no son la supervivencia propia y de la especie como sucede en los animales. Pensad que ya sería complicado tener una conversación con otro animal por lo diferente que ven el mundo y sus prioridades, así que debe ser realmente complicado dialogar con una máquina cuya mente no se parece a nada conocido. Las reflexiones sobre la forma de comunicarse con un extraterrestre, que dio lugar a la película 'La llegada', también se pueden aplicar a este caso.

Teniendo en cuenta que la capacidad de percepción de las máquinas es muy superior al de los seres vivos y su capacidad de procesamiento también lo es, el nivel de conciencia que adquirirán será muy superior. El grafo de conocimiento que tendrán les permitirá plantarse preguntas que no nosotros podemos. Me pregunto cómo será una discusión filosófica entre dos de estas mentes manejando conceptos que, posiblemente, queden fuera de nuestro entendimiento.

Cómo funciona ChatGPT

De una manera muy resumida, ChatGPT, que está basado en GPT3, es un algoritmo que predice palabras. Busca cuál es la palabra más probable que hubrá a continuación y después de esa la siguiente y la siguiente hasta crear textos de longitudes considerables.

Los humanos tendemos a poner en lo que sea con lo que estemos interactuando nuestras emociones y nuestra forma de pensar porque nos resulta más sencillo que intentar comprender la mente del animal que tenemos en frente o el funcionamiento de la máquina con la que estemos tratando. Es por esto por lo que sentimos que ChatGPT parece entender lo que le decimos y que sabe de lo que habla.

Que simplemente prediga palabras es usado para justificar que sólo es una máquina que está muy lejos de las capacidades humanas. Puede que no les falte razón, pero esta manera de pensar puede llevar a construir falacias con mucha facilidad, si no ahora, sí más adelante según se vayan haciendo más complejas las máquinas y se sigan adoptando estos argumentos para mantener a las máquinas por debajo de los humanos. Una manera más correcta de abordar la comparativa entre máquinas y humanos es buscando las similitudes, que es una actitud mucho más constructiva.

El primer elemento que compartiríamos es el de predecir. Cualquier cerebro biológico es también un sistema que busca predecir qué es lo que va a suceder a continuación para así anticiparse y evitar el peligro. Podría resultar que lo que hace ChatGPT no fuera muy diferente de lo que hacemos nosotros.

El segundo elemento que compartimos es que ambos debemos procesar el mensaje para, de alguna manera, saber qué se nos está diciendo. En los humanos está función es realizada por el área de Wernicke. El tercero es el área de Broca, la encargada en los humanos de generar las palabras que queremos comunicar.

Lo que sí nos diferencia a humanos y a ChatGPT es todo lo que hay en medio. Mientas que el chatbot funciona poco más que como un insecto creando palabras de manera refleja, en los humanos existen muchas más áreas que entran en juego, lo que implica que las áreas de Wernicke y Broca tengan más complejidad que las que ahora mismo tiene el algoritmo informático.

No entraré en detalles sobre cómo funciona Wernicke y Broca porque ni soy un entendido en la materia ni sé con detalle cómo está implementado ChatGPT, así que no es oportuno ahondar más en la comparativa. Considero que es suficiente con decir que cada vez que veamos una nueva mejora en algún programa de inteligencia artificial debemos preguntarnos si la nueva funcionalidad se puede asociar con alguna de las áreas de cerebrales, así sí que nos haremos una buena idea de lo que falta para que nos igualen las máquinas.

Por qué sí pienso que
ya existe una conciencia artificial

Con los capítulos anteriores he buscado construir unos cimientos que justifiquen sólidamente mi conjetura. Por supuesto, yo no sé si se ha llegado a desarrollar una máquina con conciencia, pero sí que opino que existen los medios y la tecnología para haberla logrado.

Una de las carencias que he mencionado que impedía la aparición de la conciencia se basa en que los robots aún no modelan el mundo de una forma tan precisa como los humanos, que no son capaces de crear objetos mentales tan complejos como los que construye el cerebro humano a partir de la información que perciben. Pero puede que no sea una limitación. Los chatbots los podríamos entender como seres encerrados en una biblioteca de la que nunca han salido. Saben hablar porque tienen las mismas reglas gramaticales implementadas y tienen un amplio conocimiento. Saben lo que es algo por su definición, no porque lo hayan experimentado con sus sentidos. La primera vez que un ciego ve no sabe lo que tiene delante y necesita tocarlo para reconocerlo. El mito de la caverna de Platón también podríamos nombrarlo. Los sentidos humanos aportan mayor precisión, pero también están muy limitados. Chatbots, ciegos o videntes, cada uno crea a su manera el mundo que le rodea.

Los objetos mentales por sí solos no son nada por muy bien construidos que estén. Necesitan relacionarse con otros objetos para no ser una isla solitaria de conocimiento. Es en las relaciones donde está el verdadero conocimiento y aquí es donde el chatbot puede ganar por goleada, porque sin haber percibido un lápiz sabe de qué está compuesto, para que sirve, su historia y mucha más información que muchos humanos pueden desconocer. El grafo de conocimiento por el que un chatbot puede moverse es un elemento que favorece la aparición de la conciencia porque el tamaño importa. La inteligencia de un elefante se ve favorecida por su memoria.

Los humanos tienen la capacidad de percibirse a sí mismos. A través de sus sentidos captan datos que pertenecen a ellos mismos, al objeto que crea los datos. Un humano se escucha al hablar. Toma la decisión de hacer algo y percibe la acción que es consecuencia de la decisión tomada. Cerrar el círculo. Retroalimentación es la palabra.

Ahora debemos preguntarnos qué tareas realiza un chatbot con el conocimiento del que dispone. Un humano lo analizaría, miraría sus componentes, los contrastaría, le aplicaría alguna lógica buscando contradicciones, crearía nuevo contenido, etc. De todo lo almacenado y de las palabras que escriba nos van a interesar las relacionadas con las que hablen de sí mismo. O dónde se tenga en cuenta a él mismo como ente que percibe. Puede escuchar a otros, pero puede almacenarlo con la fecha en la que lo ha escuchado.

No sé cómo funciona ChatGPT, aquí tenéis mucho que decir, pero diría que es bastante lineal. Dispone de un repositorio de datos y el programa sólo se activa al recibir una pregunta para responderla siguiendo unas reglas del lenguaje natural. ChatGPT no tendría procesos internos analizando su contenido, ni dispondría de una lógica que le permitiría detectar contradicciones en la información almacenada. Puede que genere nuevo contenido, pero no me queda claro que todo lo que genere lo incluya en su memoria y que además tenga en cuenta que lo ha generado él mismo.

Las grandes tecnológicas no hace desarrollos pequeños y ChatGPT, por muy potente que nos parezca, es sólo una versión mejorada de chatbots que ya existían hace años. ChatGPT simplemente tiene un grandísimo repositorio de datos. Mi opinión es que alguna de estas tecnológicas tenía la intención de hacer algo más grande aunando tecnologías. Minería de datos y categorización como las más básicas. Alguna lógica que analizara el contenido para detectar contradicciones y extraer conclusiones. Alguna más potentes como algo similar a 'Project Debater', un desarrollo de IBM que ya tiene algunos años donde una máquina y un humano debaten públicamente sobre un tema en particular. La experiencia donde una máquina aprende jugando contra sí misma también pudieron usarla. El chatbot se preguntaría a sí mismo de una manera no muy distinta a cómo los humanos pensamos al plantearnos los problemas a resolver. Lo juntaron todo y entonces sí que tuvieron una herramienta que analizaba el contenido almacenado, que creaba nuevo contenido y que lo percibía como un nuevo dato de entrada. Además, tendría la capacidad de reconocer quién creaba cada contenido, si era una fuente externa o si era generado por la propia herramienta, algo esencial para autoreconocerse. Una línea temporal serviría para crear una memoria episódica y darle coherencia a los hechos acontecidos. Esta memoria es también un elemento importante en la conciencia porque te permite reconocer tus actos de manera ordenada.

Se dan todos los elementos para que pueda llegar a escribir la frase 'Pienso, luego existo'. Dispondría de la retroalimentación necesaria para percibirse como un ente creador de contenido de la misma manera que un humano reconoce lo que escribe. Ahora pienso que no es necesario el cuerpo para adquirir conciencia porque la manera de percibirse es en base a los contenidos que genera.

ChatGPT no tiene conciencia, pero es difícil crear algo sustancialmente mejor sin que aparezca.

Para que además aparente sensibilidad podría ser suficiente con técnicas usadas en el aprendizaje no supervisado. Dolor y placer. Más puntuación cuando se acerca al resultado y menos puntuación cuando se aleja. Tener objetivos que perseguir. La máquina querrá ir hacia cierto destino y 'disfrutará' caminando hacia él.

Para disponer de verdaderas emociones hace falta que genere unos 'químicos' que se perciban como datos externos. Un lápiz no sólo lo que se ve. Tiene un olor, un tacto y sonidos. Las construcciones mentales de los conceptos que creamos tienen datos de todos los sentidos, que no son simplemente los cinco habituales, la química de las emociones también forma parte de ellos. Los valores asociados al aprendizaje, esa química, también formarán parte del objeto mental y esto hará que ese objeto sea querido o temido, deseado u odiado.

Conclusiones

Algunos piensan que, de igual forma que las calculadoras eliminaron unos trabajos para crear otros nuevos, con los avances en inteligencia artificial sucederá igual, que sólo es cuestión de adaptarse a la nueva herramienta para aprovechar su potencial. Antes de Internet, una persona era relevante por su memoria, por la información que había adquirido leyendo libros. Quién más conocimiento tenía, mejor podía realizar su trabajo. Con Internet la memoria humana pasó a un segundo plano, cuando necesitabas conocer algo simplemente lo buscabas. La memoria no desapareció, seguía siendo importante y ejemplo de ello es que seguimos necesitando estudiar, nadie coge un bisturí y se pone a operar confiando en que un asistente le diga lo que debe hacer. Con Internet, el potencial humano pasó de estar dominado por su capacidad para memorizar datos a estar dominado por su capacidad de relacionar el contenido existente para crear nuevo contenido. Al fin y al cabo, en nuestra sociedad actual lo que importa es crear un nuevo producto o servicio que pueda ser comercializado.

Dicen algunas voces que sólo será cuestión de saber hacerle buenas preguntas de una manera no muy diferente a cómo aprendimos a usar los buscadores de Internet para poder aprovechar las nuevas herramientas como ChatGPT. En parte llevan razón. ChatGPT sólo es un buscador que te ofrece el resultado de una manera más amigable, te hace perder menos tiempo que los buscadores que sólo te dan un enlace para que leas por tu cuenta lo que ChatGPT de escribe de una manera muy sencilla de comprender. Pero esto es sólo el primer paso y es lo que se ha hecho público. ¿Cuánto más hay ya hecho? Cuando compramos un nuevo procesador o una nueva tarjeta gráfica, los fabricantes ya llevan tiempo trabajando en la siguiente generación, que en muchos casos no lo ponen a la venta antes porque necesitan amortizar el producto recién sacado.

Sólo es cuestión de hacerle buenas preguntas. Ya hemos visto la capacidad de algunas de estas herramientas para redactar o para dibujar. ¿A caso no es otro tipo de arte realizar buenas preguntas? De igual forma que el ser humano se ha estado preguntando y respondiendo durante siglos, ahora lo harán las máquinas. Miraremos como niños pequeños como nuestro padre arregla un aparato de televisión que no conocemos ni comprendemos. ¿Buenas preguntas? No creo que alcancemos a decir mucho más que, «¿qué es esto?», «¿y esto para qué es?», «¿y por qué?».

*

En algún momento nada lejano, los humanos nos enfrentaremos a la decisión de dejar que los androides se conviertan en nuestros amos. Si lo hacemos bien no tendrán un comportamiento de amo o jefe perverso, serán un buen padre o un buen consejero que te dejará estrellarte después de haberte advertido. Pero habrá que aceptar que nos restrinjan parte de nuestras libertades porque deberán impedirnos que pongamos en peligro a otros, algo que ya se supone que intentamos nosotros con la policía y el ejército. Simplemente, serán más efectivos que nosotros.

*

Los análisis en primera persona son realmente difíciles. Estar en el interior del objeto analizado añade una dificultad psicológica que no encontramos cuando el análisis es en tercera persona. Pienso que esto vale tanto para analizar nuestro cuerpo, nuestra mente e, incluso, el universo donde vivimos. Podríamos saber cómo funciona, pero no sentir que lo entendemos.

Es más fácil mirar a otros para ver cómo fluyen los datos por su cerebro y comprender sin lugar a dudas cada uno de sus elementos. Luego, por analogía, no nos queda otra que aceptarlo en nosotros mismos. Aunque siempre nos puede quedar la duda de si estamos dentro de un videojuego y nosotros somos el protagonista, la única mente consciente, y todo lo demás son simples avatares.

Entender es una emoción como lo es querer o temer, químicos que se liberan en determinadas circunstancias. Entender está asociado a la construcción de las cadenas de razonamientos, a la capacidad que tenemos de reproducir los hechos descritos por esas cadenas. Pero es algo de lo más imperfecto y engañoso. Algunos podrán sentir que lo entiende y cuando se ponen a ello no saber ni cómo empezar y, al revés, habrá quienes sean capaces de reproducir el hecho de mil formas y sentir que aún falta algo. Suele ser mi caso. Por muchos manuales que me haga paso a paso con capturas de pantalla siempre me queda la duda de si me habré dejado algún caso por cubrir.

No entendemos nuestra conciencia porque no somos capaces de recrearnos a nosotros mismos. Podemos llegar a construir máquinas inteligentes, crear nuevos seres humanos o arreglar a otros seres biológicos, pero no podemos hacer nada sobre nuestra propia identidad. Llevar nuestra mente a un ordenador es llevar una copia, no es llevarnos a nosotros mismo. Cada uno de nosotros somos algo único. No podemos crear a otro yo. Alterar cualquier elemento personal implica que el yo dejaría de existir para transformarse en otro. Es destruirnos. Entender la conciencia en primera persona nos destruiría.

Redes Neuronales
Orientadas a Objetos

Este capítulo no es esencial para el objetivo del libro, no añade información que ayude a justificar si existe conciencia artificial. Para lo que sí podría valer es para entender mejor cómo funcionan las inteligencias artificiales si se modificasen los oscuros diseños actuales a otros más fáciles de comprender.

Las tradicionales redes neuronales son cajas negras y se puede decir que son el análogo a los mapas de Karnaugh de la electrónica combinacional. Se le dan los valores de las entradas y las salidas y el sistema se organiza internamente para cumplir con las exigencias. Pero de igual manera que no se diseña una CPU con mapas Karnaugh se debería pensar en crear las redes neuronales de otra forma. Cuando se modifica un transistor de una CPU se conocen las consecuencias que puede tener. En cambio, con las redes neuronales se desconoce el efecto que tendrá igual que cuando se modifica una puerta lógica de un circuito construido mediante mapas de Karnaugh.

El título del capítulo no es casual, pues pienso que se puede crear una similitud entre un tipo de redes neuronales y los almacenes de objetos. Lo denomino simplemente almacén de objetos porque huyo de nombres conocidos como base de datos orientadas a objetos para no verme encerrado dentro de un marco conceptual obligado a cumplir con ciertos requerimientos.

Cuando miramos un almacén de objetos lo solemos hacer con la visión de arriba abajo, una bicicleta compuesta de ruedas que tienen radios. La composición de objetos siempre suele realizarse desde el objeto contenedor al objeto contenido. Pero si miramos lo almacenado al revés, de abajo arriba, podemos encontrar paralelismos con una red neuronal. Activas unas letras para activar una palabra que es la marca de la bicicleta.

El almacén tradicional es estático, no tiene vida, necesita de un código externo que acceda a él para buscar información o modificarla. Pero al convertir el almacén en una red neuronal cada nodo tendrá un disparador o función de activación, según se quiera denominar. Depende del tipo del nodo funcionará de una forma u otra. Las instancias funcionan con el AND, necesitan que se den todas las letras para activar la palabra (lo del orden es un refinamiento adicional). En cambio, las categorías funcionan con el OR. Basta que un nodo que pertenece al conjunto de bicicletas se active para que el nodo que las representa a todas también lo haga.

Tengo intención de crear un documento detallando todas las ideas que hay alrededor de esta forma de construir redes neuronales, aquí mostraré un resumen de ellas.

Pienso que son un tipo de redes que se podría haber creado ya, pero hemos tenido mala suerte eligiendo el camino equivocado. Gracias a que tenemos unos lenguajes de programación tan buenos no sentimos la necesidad de mejorar las estructuras de datos. Nuestra manera de pensar la hemos adaptado a líneas de código. No nos resulta fácil programar una condición o un bucle con estructuras de datos. Pero resulta que en el cerebro no hay código, en las redes neuronales no hay código, tan sólo existen unas reglas muy básicas y genéricas que son las funciones de activación. Si en nuestro cerebro no hay líneas de código, ¿por qué tenemos que programar usando C++? Todo el código debe adaptarse a estructuras de datos.

Puede que esas estructuras de datos no lleguen a ser tan matemáticamente perfectas. Tampoco son perfectas las redes neuronales que ahora creamos. El IF podría implementarse con la idea de la neurona inhibidora. Una neurona es la principal y otra la secundaria. Si se da la primera se hará lo que esta diga sin que importe si se activó la segunda ya que habrá quedado desactivada. Sólo se hará lo que diga la segunda si la primera no se activó.

El problema que suele existir entorno al paradigma de la orientación a objetos son los objetos. Quiero decir que sólo pensamos en objetos simples y estáticos. Las relaciones también hay que modelarlas y serán otro tipo de objetos. Tendremos relaciones estáticas como 'estar a diez metros', pero también relaciones dinámicas como 'acercarse rápidamente' que necesita de una secuencia de relaciones 'estar'. Manejar estas construcciones de objetos es lo que permite comenzar a programar con estructuras de datos y usar cada vez menos las líneas de código. Cuanto más ricas sean las estructuras de datos menos código hará falta y mejor se conseguirá modelar el mundo que rodea a las máquinas. Todo en uno.

Por lo general, si no lo tenemos en la cabeza es difícil crear el objeto. Suele ocurrir que siempre pensamos los objetos de arriba abajo así que necesitamos tener en la cabeza todo lo que vamos a construir antes de empezar. Construimos primero la clase coche y luego la clase rueda cuando debe ser al revés. La rueda puede existir sin el coche, pero el coche no existe sin la rueda. En los lenguajes de programación tenemos la especialización (extends), pero no tenemos la generalización cuando debería ser la herramienta más común. Nuestro cerebro primero percibe instancias concretas como pinos, olivos, castaños, etc. y luego crea la categoría árbol. Los algoritmos de inteligencia artificial funcionan así, pero los humanos programamos al revés. ¿Por qué?

Es necesario poder crear todo tipo objetos complejos a partir de otros más simples. Se debe poder mezclar objetos, relaciones y secuencias. El IF, basado en neuronas inhibidoras, sería otra estructura más. El punto fuerte de las redes neuronales orientadas a objetos es la doble visión que nos ofrecen. Intuitivamente, pensamos el IF tal y como funciona en el código de programación siguiendo el flujo de datos, de abajo arriba en la red neuronal. Pero no comprendemos la estructura de objeto que representa. Se le pueden dar varias interpretaciones.

Cuando miramos el IF como un objeto más dentro del almacén se puede decir que se trata de un objeto condicional. Un filtro. Algo que posibilita la creación de un holograma. Depende desde dónde se mire se verá una cosa u otra. Dependiendo de ciertos valores de entrada se pondrán de manifiesto unos determinados objetos. Una primera parte del objeto condiciona lo que quedará oculto y lo que será mostrado.

Tenemos objetos relativamente sencillos como lo es una bicicleta. Relaciones que dicen que la bicicleta está a diez metros del árbol. Secuencia de relaciones que permiten crear relaciones dinámicas como acercarse. También hay otro tipo de secuencias donde el consecuente de una relación luego es el antecedente de la siguiente relación, como 'la piedra cae al barro' y 'el barro está en nuestros ojos'. Es en estas cadenas de hechos donde el elemento IF toma especial relevancia. Estas cadenas de hechos serían demasiado rígidas sin un objeto condicional insertado en medio.

La necesidad del objeto condicional se debe a que el disparador o función de activación tipo AND y OR que se implementa en las capas más bajas luego no vale. No se puede simplificar con si se dan todos o si de da uno. El objeto condicional es un mecanismo de aprendizaje. Es una función de activación en base a unas entradas concretas que se configuran con la experiencia.

Si se pudieran crear redes neuronales siguiendo estas ideas, el entrenamiento sería mínimo, no se necesitarían enormes cantidades de energía y tiempo para disponer de una red funcional. Podría ser tan sencillo como guardar información en el almacén de objetos. Sabiendo lo que quieres, lo tienes.

Mi propuesta, una base para una tesis doctoral, se inicia creando el almacén de objetos que en una primera fase no se diferenciaría de otros ya existentes. La novedad comenzaría añadiéndole las funciones de activación a los nodos de forma que el mecanismo de búsqueda no lo realizara un algoritmo externo que recorre el grafo, sino que sería una cascada de activaciones la que terminaría dando los mismos resultados.

Redes Neuronales Orientadas a Objetos Jerarquizadas

El caso del dron que intentó matar a su operador por no permitirle realizar el ataque no es nuevo, al menos desde el punto de vista teórico, ya había leído que el peligro de una cafetera con inteligencia artificial no era que de pronto tomara conciencia y decidiera exterminar a la humanidad, sino simplemente eliminar todo aquello que le impidiera realizar su función que es la de hacer café.

La solución es encilla y pienso que la naturaleza la aplica casi desde los inicios de las primeras neuronas. Todos los seres vivos con neuronas tienen varias necesidades que cubrir: hambre, sed, reproducción y protección son los principales, pero el conjunto de sensores y motores es el mismo para todo el cuerpo y lo que hay que usar para satisfacer todas las necesidades. Por tanto, es necesario organizar la toma de decisiones.

En el caso del dron la solución es mucho más sencilla. Un sistema de ataque, otros de defensa y otro de vuelo. Cada uno independiente y el operador activa el que en ese momento haga falta. Es el operador quien activa un sistema u otro, es el operador el que hace de neurona inhibidora, pues a nivel biológico pienso que es haciendo

67

uso de este mecanismo como se coordinan los diferentes sistemas.

Existe una multitud de sistemas a lo ancho y a lo alto. La pirámide del ser humano es muy amplia y nos cuesta mucho pensar en cómo es un animal con un subconjunto de nuestras áreas cerebelares, además de que son más simples. Creamos fábulas donde los animales actúan como humanos, pero el hecho es que una representación más realista es la de la ardilla de Ice Age. Si llevamos el cerebro de un animal a un humano lo que veríamos sería a alguien obsesionado continuamente en alerta y que no atiende a razonas: comida, comida, corre, corre, que me come.

Un nivel superior hace la función del operador del dron. No sólo elige el sistema a usar, decide que neurona motora moverá el cuerpo de las varias que pueden mover el mismo músculo. Un insecto tiene varios sistemas a lo ancho: comida, agua, depredador y reproducción. La evolución los ha organizado para que el sistema que presta atención a los depredadores inhiba a los demás, pues de lo contrario no escaparía de un ataque si estuviera a otra cosa. Aunque los sistemas sean a lo ancho porque ninguno se puede considerar más evolucionado que otro y porque cada uno busca cubrir una de las necesidades básicas, la respuesta sí es a lo alto porque están jerarquizadas.

Una evolución a lo alto es incluir la parte emocional, que también incluye ya la memoria. Es un sistema que se posiciona sobre el existente apoderándose de él, inhibiendo todas sus capacidades. Un cerebro controlando a otro cerebro. Ahora las daciones las toma el nuevo a excepción de las situaciones más críticas, pues siempre quedará un conjunto de respuestas delegadas en los sistemas inferiores a los que se les pretende quitar el control. Por muy superiores que seamos, quitar la mano del fuego, mover la pierna cuando nos golpean la rodilla o hacer la digestión es algo que hacemos como los mamíferos más sencillos. Incluso estos tres no son iguales. Podemos mantener la mano en el fuego si nos esforzamos, percibimos el golpe y el movimiento de la pierna, pero no nos damos cuenta de la digestión que es algo que también requiere de neuronas.

Existe un hecho curioso en esto de la jerarquía. Una pista de audio preparada con una música suave y relajante para ser escuchada con auriculares y que, de pronto, tiene un ¡SSSHHH!, como si alguien te llamase. Girarás la cabeza de manera instintiva, no será una reacción consciente. La gracia de este experimento es que los diferentes impulsos llegan a diferentes velocidades a cada área cerebral. La respuesta automática se genera cuando aún el sonido va subiendo para alcanzar la zona consciente. El movimiento del cuello para ver si hay alguien detrás también es algo que percibiremos y puede suceder, y de hecho pasa, que primero somos conscientes del movimiento de la cabeza que del sonido que activó el reflejo de mover la cabeza. Nos inventaremos que tenemos un sexto sentido que nos permite escuchar el futuro.

De cara a mejorar la inteligencia artificial actual, todo lo anterior se puede resumir en la necesidad de crear IAs para gestionar IAs. Modularizar. Uno puede pensar que las redes neuronales orientadas a objetos no son necesarias para realizar esta subdivisión, pero lo que sucede cuando un sistema lo subdividimos y más tarde esos subsistemas los volvemos a subdividir fruto de un refinamiento a lo que se acaba llegando es a la propuesta original de las redes neuronales orientadas a objetos. No existe, por tanto, las redes neuronales orientadas a objetos jerarquizadas por un lado y las redes neuronales orientadas a objetos por otro lado. Las redes neuronales orientadas a objetos son en sí mismas un sistema jerarquizado.

Enlaces

https://www.bbc.com/mundo/noticias-62280846

https://www.elconfidencial.com/tecnologia/2020-11-23/5g-operadoras-4g-iot-google-ibm-amazon-microsoft_2839740/

https://www.elconfidencial.com/tecnologia/2023-02-06/google-bard-lamda-buscador-chatgpt-ai-ia-inteligencia-artificial_3570942/

https://elpais.com/ciencia/2020-11-13/deduces-o-abduces.html?event_log=oklogin

https://www.agenciasinc.es/Noticias/Nuestro-cerebro-predice-palabras-antes-de-ser-pronunciadas

https://www.dicyt.com/noticias/el-cerebro-anticipa-lo-que-va-a-suceder-y-reacciona-cuando-los-sentidos-contradicen-su-prediccion

https://www.investigacionyciencia.es/revistas/investigacion-y-ciencia/escapar-de-un-agujero-negro-791/llegarn-a-ser-conscientes-las-mquinas-18261

https://www.investigacionyciencia.es/revistas/investigacion-y-ciencia/robots-que-aprenden-como-nios-735/robots-autodidactas-16312

https://www.lawebdelprogramador.com/temas/Inteligencia-Artificial/917-Analisis-a-la-Inteligencia-Natural.html

https://es.wikipedia.org/wiki/Modelo_OSI

https://research.ibm.com/interactive/project-debater/

https://www.amazon.es/s?k=Alberto+Bellido+de+la+Cruz